Fuera de este MUNDO

MERCURIO

El más pequeño de todos

by Chaya Glaser

Consultora: Dra. Karly M. Pitman
Instituto de Ciencia Planetaria
Tucson, Arizona

BEARPORT
PUBLISHING

New York, New York

Créditos

Cubierta, © NASA/APL; TOC, © NASA/APL; 4–5, © NASA/APL; 6–7, © Wikipedia & NASA; 8, © NASA/Johns Hopkins University; 9, © NASA; 10–11, © NASA/Johns Hopkins University; 12–13, © Jeffrey Beall/NASA; 14, © NASA/Johns Hopkins University; 15, © NASA/SDO (AIA); 16, © NASA/SDO (AIA); 17, © NASA/Johns Hopkins University; 18–19, © Carlos Clarivan/Science Photo Library; 20–21, © NASA/JHU/APL; 22TL, © NASA/Johns Hopkins University; 22TR, © NASA; 23TL, © NASA/JHUAPL/ Smithsonian Institution/Carnegie Institution of Washington; 23TM, © Wikipedia & NASA; 23TR, © Carlos Clarivan/Science Photo Library; 23BL, © NASA/JHU/APL; 23BR, © iStockphoto/Thinkstock; 24, © NASA/APL.

Editor: Kenn Goin
Editora principal: Joyce Tavolacci
Director creativo: Spencer Brinker
Diseñadora: Debrah Kaiser
Editora de fotografía: Michael Win
Editora de español: Queta Fernandez

Library of Congress Cataloging-in-Publication Data

Glaser, Chaya, author.
  [Mercury. Spanish]
  Mercurio : el más pequeño de todos / por Chaya Glaser, consultora: Dra. Karly M. Pitman, Instituto de Ciencia Planetaria, Tucson, Arizona.
    pages cm. — (Fuera de este mundo)
  Includes bibliographical references and index.
  ISBN 978-1-62724-592-0 (library binding) — ISBN 1-62724-592-8 (library binding)
  1. Mercury (Planet)—Juvenile literature. I. Title.
  QB611.G5318 2015
  523.41—dc23
                              2014044228

Para más información, escriba a Bearport Publishing Company, Inc., 45 West 21st Street, Suite 3B, New York, New York 10010. Impreso en los Estados Unidos de América.

10 9 8 7 6 5 4 3 2 1

CONTENIDO

¿Cuál es el planeta más pequeño del sistema solar?

¡MERCURIO!

Mercurio es el planeta más cercano al Sol.

JÚPITER

MARTE

VENUS

TIERRA

MERCURIO

SOL

SATURNO

NEPTUNO

URANO

Mercurio es mucho más pequeño que la Tierra.

MERCURIO

Dentro de la Tierra cabrían 17 Mercurios.

TiERRA

9

Mercurio está cubierto
de **cráteres** rocosos.

Los cráteres parecen
cuencos gigantes.

Cráteres

A veces, se puede ver a Mercurio desde la Tierra.

Parece un punto en el cielo nocturno.

Mercurio

Durante el día, Mercurio es muy caliente.

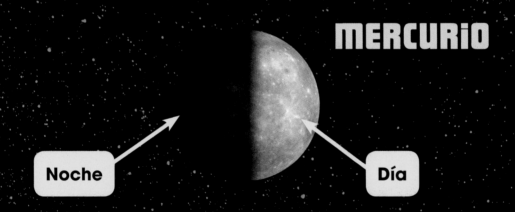

MERCURIO

Noche

Día

¡Puede alcanzar una temperatura de 800°F (427°C)!

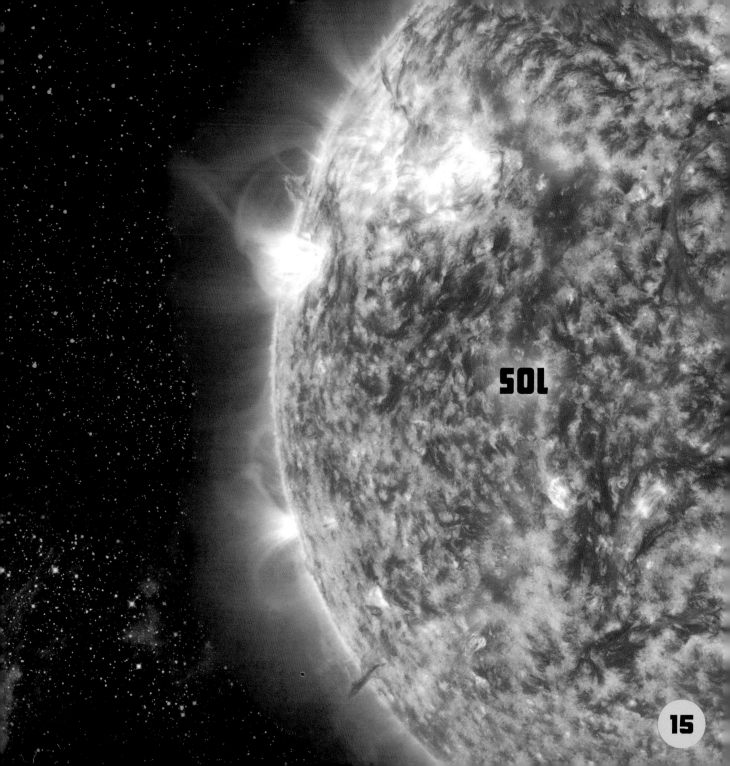

SOL

15

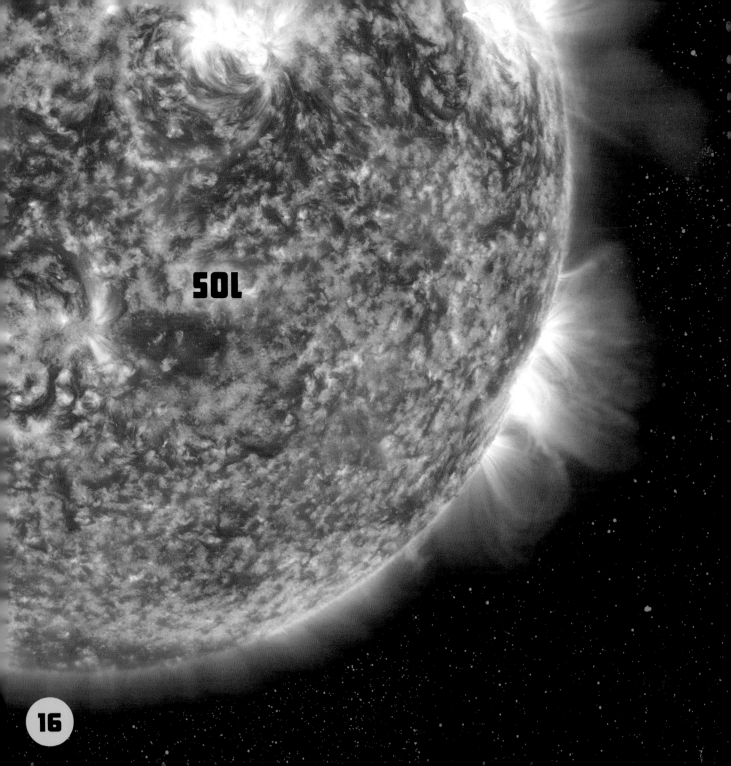

SOL

Por la noche, desciende la temperatura.

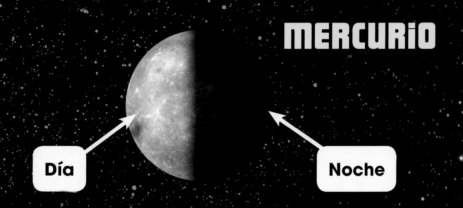

MERCURIO

Día

Noche

Baja hasta la gélida temperatura de –290°F (–179°C).

SOL

Dos naves espaciales han visitado Mercurio.

Tomaron fotos del planeta.

Para llegar a Mercurio, volaron cerca del Sol.

Las naves espaciales tenían **escudos térmicos** especiales.

Los escudos protegían la nave espacial del calor del Sol.

¡Gracias a ellos las naves espaciales no se quemaron!

Escudos térmicos

MERCURIO

MERCURIO VERSUS LA TIERRA

MERCURIO		LA TIERRA
Primer planeta a partir del Sol	POSICIÓN	Tercer planeta a partir del Sol
3,032 millas (4,879 km) de ancho	TAMAÑO	7,918 millas (12,743 km) de ancho
Cerca de 354°F (179°C)	TEMPERATURA PROMEDIO	59°F (15°C)
Cero	NÚMERO DE LUNAS	Una
Casi cubierto de rocas y cráteres	SUPERFICIE	Casi cubierta de océanos, alguna tierra

GLOSARIO

cráteres hoyos grandes en el suelo

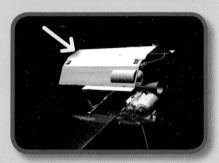

escudos térmicos algo que se usa como protección contra el calor del Sol

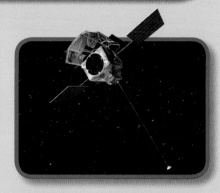

naves espaciales vehículos que pueden viajar en el espacio

sistema solar el Sol y todo lo que da vueltas alrededor de él, incluyendo los ocho planetas

temperatura la medida que expresa lo caliente o frío que está algo

ÍNDICE

LEE MÁS

Lawrence, Ellen. *Mercury: The High-Speed Planet (Zoom Into Space)*. New York: Ruby Tuesday Books (2014).

Taylor-Butler, Christine. *Mercury (Scholastic News Nonfiction Readers)*. New York: Children's Press (2008).

APRENDE MÁS EN LÍNEA

Para aprender más sobre Mercurio, visita
www.bearportpublishing.com/OutOfThisWorld

ACERCA DE LA AUTORA

A Chaya Glaser le encanta mirar las estrellas y leer historias sobre las constelaciones. Cuando no está admirando el cielo nocturno, la podemos encontrar tocando instrumentos musicales.